POLITIQUE DU PEUPLE

AUX

ÉLECTIONS PROCHAINES

PAR

PAUL DE JOUVENCEL

Prix : 20 cent.

PARIS

LIBRAIRIE CENTRALE DES PUBLICATIONS POPULAIRES

H. MARTIN

45, rue des Saints-Pères.

1881

Politique du Peuple

AUX ÉLECTIONS PROCHAINES

I

En France, autrefois, les nobles et le roi avaient l'épée, la justice, l'impôt, le commandement.

Ils ont perdu tout ce pouvoir à la fin du dernier siècle.

Au-dessous d'eux s'était élevée, des rangs du peuple, une classe qui avait mis plusieurs siècles à grandir.

Composée originairement des maîtres ouvriers et des gens de négoce, laborieuse et économe, elle était devenue riche ; ambitieuse et sans armes, elle avait demandé des forces à l'étude, et elle avait reculé de tous côtés les bornes du savoir.

L'orgueil des puissants l'avait forcée à la modestie. La crainte du scandale et la vie de famille lui avaient imposé l'honnêteté des mœurs.

Au moment où la banqueroute imminente forçait Louis XVI à convoquer les états généraux, la bourgeoisie française était assez sûre d'elle-même pour tenir tête aux nobles et au roi, aux juges et aux prêtres. Avec l'aide du peuple elle les vainquit tous.

Un soldat illustré par les batailles interrompit le cours logique de l'histoire ; sa chute, en 1815, fit retomber le pouvoir dans les mains de la bourgeoisie.

Les vieux débris de la noblesse unis au clergé et au roi Charles X essayèrent de combattre ; mais, en trois jours de juillet 1830, tout fut terminé, la bourgeoisie resta seule maîtresse des forces du pays.

Comme instrument de son pouvoir, elle adopta le cens ; pour être électeur, il fallait payer plusieurs centaines de francs d'impôts, c'est-à-dire que, pour peser si peu que ce fût dans ce gouvernement, il fallait être sinon riche au moins dans l'aisance. Ni le talent ni la science, aucune dignité, pas même le génie ne donnait droit de voter si l'on ne payait deux cents francs d'impôts.

Lorsqu'on y songe aujourd'hui, cela semble une folie ; c'est au moins la preuve que, de tous les mérites qui lui avaient donné la victoire, la bourgeoisie semblait n'avoir cure que d'un seul : la richesse.

Cette morale aurait pu faire illusion, si la classe gouvernante avait su se servir du pouvoir ; mais cette morale publique dura peu et tomba en trois jours, le 24 février 1848.

Alors le suffrage universel apparut.

Comme toutes les institutions humaines, et à l'image des hommes eux-mêmes, il naquit sans savoir marcher seul.

C'est la bourgeoisie, presque partout, qui guida ses premiers pas ; et presque partout le suffrage universel nomma des bons bourgeois bien disposés à refaire une République aussi semblable que possible à leur Monarchie de 1830.

Ils le tentèrent dans l'Assemblée législative de 1849, surtout par la loi du 31 mai 1850 qui avait pour but de restreindre le droit de suffrage ; et cet essai aboutit au 2 décembre. Car c'est en abolissant la loi du 31 mai que le Coup d'Etat put chasser l'Assemblée législative et renverser la République.

Chacun sait en gros l'histoire du second Empire ; nous connaissons ses prospérités trompeuses, sa chute inévitable.

Après Sedan, après l'invasion et l'armistice, on vit bien que le suffrage universel avait par lui-même une grande force, puisqu'il survivait à tant de désastres. Mais en regardant l'Assemblée qu'il avait élue le 8 février 1871, on put s'apercevoir que le suffrage universel n'était pas plus expérimenté qu'au premier jour.

L'histoire de notre pays est étonnante et à chaque instant imprévue.

Le 8 février 1871, on allait au scrutin

sans pression officielle. La proclamation de la République, au 4 septembre, n'ayant nulle part rencontré de résistance, il semblait que le bon sens devait conduire à nommer partout des républicains, ou, du moins, à stipuler qu'après la conclusion de la paix, une assemblée constituante serait appelée.

Mais, pressé de finir la guerre, et, comme un enfant qui consent à tout pourvu qu'on lui donne l'objet de son désir immédiat, le suffrage universel désigna ceux qui lui paraissaient les plus résolus à voter la paix. Il le fit partout sans prévoyance, sans réserver son propre droit à se reconnaître lui-même, après la conclusion de la paix, afin d'interroger et de discuter des candidats avant de leur remettre le pouvoir de faire une nouvelle Constitution.

Oui, si le suffrage universel avait eu un peu d'esprit politique, partout en France un sentiment spontané aurait paru sur ce point; on eût partout proclamé qu'une assemblée nommée en huit jours, sans réunions préalables, sans presse libre, sans discussion du mérite et des opinions des candidats, sur l'injonction de l'ennemi et sous le pied de l'ennemi, ne pouvait en aucune manière être considérée comme valablement investie des pleins pouvoirs du peuple pour discuter une constitution.

On sait l'histoire de cette assemblée ; la majorité y conspira pendant plusieurs années, devant tous, le renversement de la république. Mais les élections partielles successives avaient envoyé des députés républicains ; les ennemis de la république n'avaient pu parvenir à s'accorder ; et, en 1875, l'assemblée de Versailles, avant de se séparer, décréta une constitution.

Lorsqu'on examine cette œuvre, on reconnaît facilement qu'elle est très-peu démocratique et qu'elle ne donne aucune sécurité au pays.

Pour en juger, nous ne proposerons pas des raisons que l'on puisse discuter, méconnaître ou nier, nous rappellerons des faits positifs.

II

Dans ces derniers temps, l'opinion publique s'est élevée contre le débordement des prétentions cléricales. On a su que les richesses des couvents étaient aujourd'hui plus grandes qu'autrefois, que le nombre des moines était plus grand qu'avant la révolution. On s'est plaint de ce que les jésuites agissaient avec une audace croissante, on s'est plaint de ce que tel évêque ne se cachait nullement d'être favorable aux Jésuites.

Alors, d'autres évêques se sont écriés : Jésuites... nous le sommes tous !

Le gouvernement, rappelé au respect et à l'exécution des lois en ce qui concerne les congrégations non-autorisées, a pris des mesures pour faire exécuter les lois. Mais, chose surprenante, les congrégations illégales, séditieuses, se sont adressées aux tribunaux pour leur demander secours contre le gouvernement. Et, chose plus surprenante encore, beaucoup de tribunaux ont fait voir qu'ils étaient favorables aux congrégations séditieuses.

D'ailleurs, dans un grand nombre de circonstances, les tribunaux ont déployé contre les républicains une sévérité excessive et qui contrastait avec leur indulgence pour nos adversaires.

Ainsi, dans la magistrature française chargée de faire respecter les lois de la République et de maintenir ce principe tutélaire : que la loi est laïque, il existe un très-grand nombre de juges contraires à la République et dévoués au parti clérical.

Cela étant démontré, on a discuté au Parlement les moyens de changer un tel état de choses.

A l'exemple de ce qui avait été fait, en 1816, par la restauration, et afin de pouvoir opérer des changements de personnes dans la magistrature, on a demandé la suspension de l'inamovibilité des juges.

La Chambre des députés a admis et voté

cette mesure, mais le Sénat l'a repoussée. Il entend maintenir dans leurs fonctions les magistrats cléricaux et adversaires de la République.

Ici, la question se déplace ; ce n'est plus la magistrature qu'il faut examiner, c'est le Sénat.

Comment se fait-il que le Sénat passe pour avoir une majorité républicaine et qu'il défende des magistrats anti-républicains ? — Rien de plus simple.

Le suffrage universel, grand enfant, s'est laissé prendre à une tactique curieuse.

En 1876, au moment des élections générales, malgré les preuves nombreuses données par le pays de son attachement sincère à la République, on a redouté les adversaires de la République beaucoup plus qu'ils ne le méritaient, et les meneurs, les grands politiques de petite ville, ont dit : « Prenons pour candidats au Sénat des hommes qui par eux-mêmes, par leurs relations, leur fortune, leur notoriété ont beaucoup d'attaches dans le pays. »

A ces marques, il était facile de reconnaître particulièrement les anciens pairs et députés satisfaits du temps de Louis-Philippe, les anciens sénateurs et députés officiels du temps de l'Empire.

Cependant on a ajouté : «Ne soyons pas difficiles sur le degré de leur civisme républicain ; pourvu qu'il acceptent d'être portés par nous comme républicains, soyons contents, nous pourrons ensuite faire un compte général dans lequel tous les suffrages donnés à ces messieurs seront réputés suffrages donnés à la République. »

Le suffrage universel, toujours bon enfant, a trouvé cela très-habile et très-fin. Il a fait comme certain curé qui, dit-on, se trouvant en voyage un jour maigre, alors qu'il n'y avait chez son hôte ni légumes, ni poissons, rien qu'un canard, demanda que ce canard lui fût apporté et fit gravement quelques signes en disant : Je te baptise brochet.

Après quoi il ordonna qu'on le fit cuire et en dîna fort dévotement.

Le suffrage universel a ainsi baptisé républicains des personnages qui avaient été toute leur vie orléanistes, légitimistes ou bonapartistes, voire même cléricaux, mais nullement républicains ; et ces messieurs, depuis lors, ont légiféré comme sénateurs républicains sans cesser d'être au fond parfaitement monarchistes.

Il faut reconnaître que cette situation est des plus périlleuses, et ne saurait se prolonger sans menacer la paix publique.

Il y a conflit, lorsque deux assemblées, qui forment le parlement d'une nation, ne

sont pas d'accord sur des points fonda-
mentaux tels que la justice.

Si l'une des deux assemblées est ap-
puyée vigoureusement par l'opinion publique, celle qui résiste provoque les plus
redoutables colères.

On s'est étonné de voir le gouvernement
de Louis-Philippe renversé en trois jours ;
pour si peu de chose, disait-on, pour un
banquet interdit par le ministère !

Erreur.

Depuis plusieurs années, des griefs
s'étaient accumulés contre la majorité de
la Chambre et contre le Gouvernement.
Le banquet pour la Réforme n'a été que
l'occasion où s'est montrée la puissance de
l'opinion publique. Elle se déployait sans
même soupçonner qu'une Révolution allait
sortir de sa manifestation.

Aujourd'hui, le Gouvernement n'est pas
en cause ; l'immense majorité de la nation
est fortement attachée à l'idée républicaine ; mais le Sénat, par son opposition
aux réformes démocratiques, accumule
des griefs. Il provoque la mise en mouve-
ment d'une force irrésistible : la nécessité
historique.

La question est dès maintenant posée ;
le conflit apparaît, et nul n'en peut prévoir
les conséquences.

La révision de la Constitution, en ce

qui concerne le Sénat, doit donc être la question principale des élections prochaines. On nous dit : « Il faut attendre. On doit procéder l'année prochaine à la réélection d'un tiers des membres du Sénat. Si 1882 ne satisfait pas à l'espoir d'un renouvellement du tiers favorable à la République, il sera temps de songer à la révision. »

Nous disons qu'alors, au contraire, il en sera peut-être plus temps de s'en tenir à cette révision limitée. Le péril aura pu prendre des proportions que personne ne saurait prévoir aujourd'hui.

Nous concevons qu'en cette matière, une expectative philosophique plaise aux républicains qui ont toujours été monarchistes.

Si la République venait à disparaître dans quelque tourmente nouvelle, ils diraient : « Nous l'avions toujours prédit.... Nous en étions certains d'avance. Certes, on ne peut rien nous reprocher, nous nous sommes sincèrement ralliés, nous avons occupé toutes les places que nous avons pu prendre, nous avons pris la plupart des sièges au Sénat et le plus grand nombre possible à la Chambre... Maintenant refaisons vite une bonne monarchie... On en revient toujours à ses premiers amours. »

Pour nous, vieux républicains, il n'en est pas de même. Nous redoutons le trouble, nous redoutons les crises, nous redoutons par dessus tout les révolutions inconscientes et résultant d'un effort spontané qui dépasse toujours son but.

Nous redoutons les troubles parce qu'à nos yeux le salut du pays est étroitement lié à la République, et parce que nous savons bien que si la République tombait nous serions contraints de reprendre les chemins de l'exil.

Nous rechercherons donc ce qu'il faut faire, afin que le pouvoir n'échappe pas à la démocratie comme il a échappé jadis à la noblesse, et, en 1848, à la bourgeoisie.

III

Le pouvoir politique ne peut puiser la force et la durée que dans une idée claire, comprise de tous.

Pour une caste qui le possède depuis des siècles, l'exercice du pouvoir est relativement facile, il lui suffit d'être tutélaire, au moins dans une certaine mesure.

Tant que l'avantage certain que leur garantit la classe gouvernante dépasse à leurs yeux les avantages possibles d'un bouleversement, les classes gouvernées demeurent obéissantes.

Nous en ayons pour preuve la nation britannique.

L'aristocratie anglaise est arrogante au

suprême degré. Son existence somptueuse contraste de la manière la plus insolente avec la misère d'une partie de la nation, mais, quoique très-oppressive à l'égard des peuples qu'elle a soumis, y compris les malheureux Irlandais, cette aristocratie soutient avec force l'orgueil du peuple anglais.

Tout Anglais est roi dans sa maison ; on ne peut l'arrêter, l'emprisonner que selon des formes prescrites et protectrices.

Tout Anglais loin de son pays, jusqu'aux extrémités du monde, est sous la protection de la puissance anglaise.

Et tandis que l'aristocratie anglaise a constamment défendu ses droits contre le trône, et forcé enfin le trône à subir sa prépondérance, la noblesse française aux deux derniers siècles s'était entièrement laissée vaincre ou séduire par le pouvoir royal. Pour un rien, pour une plaisanterie, elle se laissait conduire à la Bastille.

Affable et portée à la générosité, elle n'avait aucun scrupule en fait de liberté et de sécurité pour personne, elle trouvait charmant que les rois exilassent les parlements lorsqu'ils leur résistaient, elle eût trouvé mieux qu'on les conduisît en prison.

Aussi, malgré sa bravoure, n'a-t-elle pu défendre ni le roi, ni la monarchie, ni elle-même, ni rien lorsque la lutte s'est engagée avec le tiers état, c'est-à-dire avec la bourgeoisie.

En 1830, la bourgeoisie devenait maîtresse incontestée du gouvernement; par une rare fortune, elle avait trouvé un roi qui réunissait à d'incontestables mérites personnels l'autorité que donne le sang royal sur ceux qui aiment la monarchie.

Ce roi, ce Capet fils d'un régicide, qui avait été maître d'école en Amérique, disait-on, maintenant riche comme un banquier juif, vivant en famille, aimant l'économie, la bâtisse, et faisant régler rigoureusement les mémoires des entrepreneurs ; ce petit fils de Saint-Louis, avec sa figure de gros propriétaire et ses goûts, était une personnification extraordinaire, un symbole, une flatterie suprême pour la bourgeoisie qui se voyait ainsi en quelque manière sur le trône.

Le cens électoral était injuste, mais il opérait le triage nécessaire. Un noble se reconnaît à son parchemin ; mais comment reconnaître un bourgeois ?

Le cens y pourvoyait. Deux cents francs de contributions dénotaient le bourgeois, c'est-à-dire un homme possédant des ressources qui le plaçaient au-dessus de la nécessité pressante de louer ses bras pour vivre. En cela l'expédient paraissait judicieux, puisqu'il produisait la démarcation

entre ceux qui étaient réputés assez riches
pour prendre part au pouvoir politique
par l'élection, et ceux qui étaient réputés
sans droit suffisant pour y être admis.

Certes, puisque notre nation avait assez
perdu le sens de la vérité et de la justice
pour ne pas s'indigner, en entendant pro-
fesser hautement le culte des intérêts ma-
tériels comme la théorie rationnelle du
gouvernement des sociétés modernes, ce
système appliqué avec une certaine habi-
leté eût pu longtemps se soutenir.

Pour cela que fallait-il ?

Prendre d'abord exemple sur leur roi
qui affectait une bonhomie extrême ; au
lieu de se faire appeler baron Blanpain et
comte Charbonier, il fallait rester M. Blanpain et M. Charbonier tout court ; au lieu
de révéler sans cesse leur alliance avec tel
gentillâtre, les bourgeois tout puissants
devaient rappeler avec orgueil qu'ils étaient
les aînés du peuple ouvrier et les tiges re-
montantes de l'antique souche gauloise.

Avec quelques institutions efficaces pour
favoriser d'une manière bruyante l'acces-
sion d'un certain nombre d'ouvriers à la
petite aisance qui donnait l'électorat, et
surtout en admettant à l'élection les *capacités*, c'est-à-dire les avocats, les méde-
cins, les professeurs, en un mot tous ceux
qui pouvaient lui apporter une force, ce

système eût peut-être longtemps vécu, et, en tous cas, il eût évité sa chute en 1848, puisque c'est précisément sur cette question que s'est ouverte la Révolution.

Bien visiblement, c'est parmi les capacités écartées du privilège électoral que se sont trouvés les chefs les plus actifs de l'attaque contre ce gouvernement. C'était facile à prévoir, et, dès que cela s'est vu, il fallait désarmer les capacités en les admettant.

Obstinée dans son erreur, cette bourgeoisie française qui renfermait tant d'hommes d'un si grand mérite, en était arrivée à n'estimer que la richesse acquise. L'homme de grands talents, sans fortune, n'était pour elle qu'un être dangereux, un suspect.

Elle ne sentait pas qu'ayant pris l'intérêt matériel pour base du droit politique, elle ne pouvait tarder de voir tous les autres intérêts se lever contre elle.

Au reste, l'histoire entière montre que les gens doués à un haut degré du sens politique sont extrêmement rares.

De nos jours, chez tant de nations parlementaires, combien trouve-t-on de ministres vraiment supérieurs ? — Très-peu.

Lorsqu'il s'agit d'une aristocratie où dès l'enfance on apprend le commandement et l'attitude qu'il exige, et où l'initiation politique est une tradition de famille, lorsque des coutumes séculaires, des lois respectées facilitent la tâche, le choix peut rouler sur un petit nombre d'hommes et satisfaire cependant aux conditions indispensables.

Au contraire, chez un peuple où, tout le monde étant admissible, beaucoup d'hommes prétendent au gouvernement, sans autre titre que leur ambition, il faut élargir le champ du concours; car, si l'ambition est une arme pour conquérir le pouvoir, elle ne sert presque à rien pour l'exercer.

Sous le gouvernement de Louis-Philippe, la Chambre (450 députés) était trop peu nombreuse.

Avec beaucoup moins de population, la France à la fin du dernier siècle avait eu des assemblées de 600 et 750 députés. Et aussi avait-elle eu de brillantes assemblées.

Pour suivre la même progression il eût fallu, sous Louis-Philippe, une assemblée de 900 membres ; c'est d'ailleurs le nombre qui fut adopté en 1848, et cette constituante fut aussi une assemblée brillante.

Aujourd'hui avec trente-sept millions d'habitants, il faudrait une assemblée de 1,150 à 1,200 membres.

Qui sait combien d'hommes de haute valeur ont été écartés de la scène politique parce qu'ils n'ont pu trouver place dans nos assemblées trop restreintes ?

Si les assemblées eussent été plus nombreuses, ils y seraient entrés : et qui sait quel changement en serait résulté pour le bonheur de notre pays ?

Qu'est-ce que la Chambre des députés ?

C'est le grand atelier politique et financier où l'on élabore le budget. Là on étudie, on prépare, on discute les réformes de la législation et les relations extérieures.

Si, en 1840, avec le budget d'un milliard, la paix à tout prix et une législation stationnaire il fallait déjà une Chambre de 450 députés, en 1881, avec un budget de trois milliards, une législation à refondre, et des relations extérieures où la paix n'est pas même sûre pour nous avec une armée de douze cent mille hommes, n'est-il pas évident qu'une assemblée beaucoup plus nombreuse est nécessaire ?

Puisque l'ouvrage a augmenté, il faut augmenter les ouvriers.

IV

·La démocratie française possède le suffrage universel depuis trente-trois ans : le tiers d'un siècle.

Le suffrage universel donne à tout citoyen domicilié le même privilège que le cens accordait seulement à ceux qui payaient deux cents francs de contributions.

Comme autrefois les nobles et le roi, le suffrage universel est aujourd'hui maître de l'épée et de l'impôt, de la justice et du commandement.

C'est-à-dire que le suffrage universel est un instrument qui donne au peuple le moyen de diriger selon sa volonté toute la puissance publique.

Que fait-il de cet instrument ?

Un quart du peuple n'y touche jamais, puisqu'il ne vote pas.

Ce quart du peuple ressemble à un fermier qui ne toucherait jamais à sa charrue, laissant à ses voisins, aux passants, à n'importe qui le soin de s'emparer de la charrue et de labourer son champ.

Que dirait ce quart du peuple s'il voyait un fermier agir ainsi ?

Ce fermier est fou, s'écrierait-on ; et on aurait raison. De sorte qu'en vérité, un quart de notre peuple est fou.

Et les trois autres quarts, que font-ils ?

En grande majorité, ils se sont prononcés maintes fois en faveur de la République et des institutions démocratiques ; mais à qui laissent-ils souvent le soin de diriger leurs suffrages ?

A des hommes qui, en grand nombre et de tout temps, ont été les ennemis de la République.

Voyez quels sont trop souvent les principaux membres des comités électoraux, soi-disant républicains.

D'anciens bonapartistes, d'anciens monarchistes ; ils se disent républicains, les uns depuis six ans, d'autres depuis cinq ans, d'autres depuis hier : c'est-à-dire depuis que, selon la mesure de leur pénétration, ils ont soupçonné que la République finirait par être la plus forte ; mais, parmi ceux qui datent de Louis-Philippe, les uns, et les meilleurs, voulaient un trône entouré d'institutions républicaines, faute de quoi ils veulent aujourd'hui une République aussi semblable que possible à la monarchie ; les autres, qui viennent tout droit de l'empire, voulaient un *pouvoir fort,* afin de *mater le peuple.* Ils en sont tous là encore, et, dans l'abandon des conversations du foyer, ils manifestent la plus grande méfiance au sujet de la démocratie.

Il y a en effet, chez nous, deux sortes de républicains en présence : ceux qui, ouvertement ou secrètement, prétendent écarter autant que possible la démocratie et les démocrates, et ceux qui ayant pour principe l'idée démocratique ont pour but le triomphe définitif de la démocratie.

Certes, il ne faut repousser personne ; la République, *res publica,* c'est la chose publique, la chose de tous ; quiconque veut y venir est le bien venu ; mais ce n'est pas à des adversaires anciens et constants de la démocratie que le peuple français doit demander une direction électorale.

Dans un pays où la noblesse n'existe plus comme caste gouvernante, et où la bourgeoisie a perdu le gouvernement par l'abolition du cens, quel est le principe du gouvernement républicain ?

Le principe du gouvernement républicain chez nous c'est évidemment le nombre, c'est-à-dire le plus grand nombre.

C'est pour constater l'opinion du plus grand nombre que l'on interroge le suffrage universel ; et c'est en même temps une excellente occasion de l'instruire.

Actuellement, nous avons donc le gouvernement du nombre, mais, en réalité, le suffrage universel est dirigé par un très-petit nombre.

Il faut organiser le gouvernement du nombre par le nombre lui-même. Autrement dit, le peuple républicain doit s'emparer par lui-même, résolument et promptement, de l'organisation du suffrage universel.

Comment doit-il y procéder ?

Par la formation immédiate de comités jusque dans les communes, c'est là le point de départ nécessaire pour sortir enfin de l'intrigue et du mensonge.

Cette organisation exige de l'activité et de l'initiative, mais parmi les bourgeois fils des anciens censitaires, aussi bien que dans les ateliers, il existe aujourd'hui dans toute la France des hommes prêts à soutenir sans balancer les mesures vraiment démocratiques, ceux-là sont le grand espoir du temps actuel ; ils sont encore dans les rangs secondaires de la nation, mais ils n'iront pas demander le mot d'ordre aux comités composés d'anciens monarchistes ; comprenant l'importance que doivent avoir les comités des communes, ils travailleront à les fonder et ils assureront l'avenir de la démocratie.

Chaque époque voit naître des difficultés particulières qu'il s'agit de vaincre ; chaque époque voit s'élever des questions spéciales qu'il s'agit de résoudre.

A l'heure présente, discuter sur le vaste programme de la politique républicaine serait à peu près du temps perdu.

Nous avons devant nous une difficulté énorme, l'opposition du Sénat à toute réforme républicaine.

En vain on imposera le plus beau programme aux nouveaux députés ; dès le premier jour de leur prochaine session, à chaque pas ils rencontreront cet obstacle : le Sénat.

La question principale et spéciale au

moment actuel est donc celle-ci : comment pourra-t-on vaincre la résistance du Sénat ?

Il faut donc préciser la question électorale de 1881 dans les termes suivants :

Que ceux qui sont d'avis d'une révision de la loi électorale du Sénat le déclarent en votant pour des candidats républicains bien résolus à réclamer cette révision.

Et pour obtenir le plus grand nombre de suffrages possible, ceux qui sont de cet avis doivent procéder sans délai à la formation de comités communaux dont nous allons expliquer la fonction.

V

Jusqu'à ce jour, les Comités électoraux ont eu des origines très-diverses. Ici, quelques citoyens se sont réunis et constitués spontanément dans un chef-lieu ; là, ils ont été élus par une réunion privée, ailleurs, ils ont été acclamés dans une réunion publique. Le but a toujours été de désigner un candidat. Souvent on n'a fait aucun programme, d'autres fois un programme a été fait par le Comité et imposé au candidat. Presque toujours après avoir déclaré que tel était son candidat, le Comité a délaissé la lutte pendant que les candidats se combattaient.

D'ordinaire, le Comité siégeant au chef-lieu d'arrondissement, s'est emparé de toute l'autorité ; les cantons la lui ont abandonnée d'autant plus volontiers qu'ils étaient ainsi dispensés de toute besogne et de tout dérangement. Il en est résulté que le suffrage universel a été dirigé par un très-petit nombre.

D'un autre côté, ce petit nombre a souvent obéi à des considérations locales, personnelles et fort étrangères aux intérêts politiques supérieurs.

Cependant en 1877, une idée politique a tout conduit : de même qu'en 1830 on avait réélu les 221 qui représentaient la résistance au parti jésuite, de même, en 1877, on a réélu les 363 qui représentaient la résistance au coup d'Etat préparé par la dissolution de la Chambre que venait de voter le Sénat.

Aujourd'hui ceux qui veulent des réformes républicaines doivent voter pour des candidats décidés à demander la révision de la Constitution en ce qui concerne le Sénat, car autrement les réformes ne pourront s'accomplir.

Instruire sur ce sujet et guider chaque électeur n'est pas possible à un Comité unique, siégeant au chef-lieu d'arrondissement ; pour cette œuvre considérable, il faut des Comités de cantons et des Comités dans les communes principales au moins,

Il est évident qu'on ne doit pas former des Comités révisionnistes avec des républicains quelconques. Tous ceux qui sont contraires à la révision, si honnêtes et si bien connus qu'ils soient, doivent être écartés. On doit encore écarter des Comités les bonapartistes, monarchistes et cléricaux, quoiqu'ils se disent partisans de la révision : leur but ne saurait être le même que le nôtre, et il faut laisser ces alliances aux candidats qui se disent républicains sans l'être.

Dans toutes les communes, de simples électeurs, de petits cultivateurs, des ouvriers, ne fussent-ils d'abord qu'au nombre de quatre ou cinq, doivent se former en Comité pour faire triompher l'idée de la révision. Ils feront de la propagande; bientôt plusieurs de leurs concitoyens se feront inscrire au Comité; souvent ils verront venir à eux des négociants, des fermiers, des propriétaires partisans de la révision.

Leur premier soin sera de prendre copie de la liste électorale de leur commune, afin d'être assuré de n'oublier personne dans les opérations ultérieures. Ils visiteront successivement chaque électeur et rechercheront son adhésion.

Dès que le *Comité communal* sera organisé, il désignera deux ou trois délégués au Comité cantonal.

Les délégués des communes réunis au

Comité du chef-lieu de canton et y siégeant, tous partisans de la révision, formeront donc le *Comité cantonal.* Chaque Comité cantonal élira parmi ses membres des délégués au Comité central révisionniste de l'arrondissement, qui se trouvera ainsi formé des délégués cantonaux réunis aux membres du Comité du chef-lieu d'arrondissement, tous révisionnistes.

Cette organisation pour la propagande électorale et le triomphe d'une idée n'exige nullement que la population des cantons et des communes ait une représentation proportionnelle au comité central. En effet, il ne s'agit pas d'une égale répartition de quoi que ce soit entre les communes, mais de réunir le plus de suffrages pour une idée. Deux hommes feront souvent meilleure propagande dans une commune que quatre dans une autre. Et l'idée pourra obtenir la presque totalité des voix dans l'une pendant qu'elle en obtiendra très-peu dans l'autre.

Dès qu'il sera constitué et bien renseigné, le comité central convoquera une réunion de tous les délégués ; il désignera son candidat et il le fera connaître.

Aussitôt, le comité central, ainsi que les comités cantonaux et communaux prendront les mesures nécessaires pour le succès de leur candidat. Ils provoqueront l'organisation d'un comité dans toute commune qui n'en aura point formé ; ce comité sera de la plus haute utilité, ne fût-il composé que de deux citoyens partisans de la révision.

Le comité central prendra des mesures pour que son candidat soit entendu en réunion publique partout où besoin sera.

Lorsque le candidat ne pourra se rendre à une réunion, un membre du comité y viendra en sa place pour expliquer et soutenir la nécessité de la révision.

A certains jours, surtout les dimanches et jours de marché, le comité central tiendra quelques-uns de ses membres ou de ses adhérents en permanence. Il correspondra avec les comités des cantons. Il leur fera parvenir les renseignements, documents et journaux nécessaires.

Le comité central se procurera facilement quelques ressources pécuniaires.

Dès qu'il aura fait connaître son existence et son siège, de petites offrandes lui viendront de divers côtés. D'ailleurs le candidat paiera au besoin le nécessaire ; et, avec une telle organisation, le nécessaire se borne à peu de chose :

1° Bulletins de vote, à quatre francs le mille ;

2° Affiches du comité ; deux ou trois pour les petites communes, dix ou quinze pour les grandes. Elles devraient être surtout apposées à la porte des mairies et rigoureusement respectées. Six cents affiches suffiraient ;

3° Affiches nécessaires pour annoncer les réunions publiques ;

4° Circulaire du candidat tirée à quelques milliers.

En ajoutant les timbres-poste et l'imprévu, mille francs devraient suffire pour couvrir les frais d'une élection. Déjà, dans plusieurs départements, ce sont les électeurs et les comités qui paient tout. Mais nous sommes peut-être loin encore du moment où la démocratie française comprendra cette nécessité pour son honneur et pour sa sécurité.

Dans tous les cas, les affiches devraient être apposées gratuitement par les soins des comités des communes. Les bulletins de vote seraient distribués par eux d'avance aux électeurs partisans de la révision, tous bien connus des comités. On supprimerait la distribution des bulletins à la porte des mairies, qui cause une grande dépense, très-inutile si chaque électeur arrive à la salle du vote avec son opinion faite et son bulletin en poche.

Pour les circulaires, il n'est pas besoin que chaque électeur en possède une. *Circulaire* signifie un papier qui circule afin que chacun le lise à son tour. Faites donc circuler ce papier.

Quant aux affiches, une coutume ridicule tend à s'établir : chaque candidat se croit obligé de faire le plus d'affiches possible ; certains électeurs sont même portés à favoriser celui qui a fait le plus d'affiches. Pourtant, une affiche sur un mur contient les mêmes raisons que dix affiches pareilles. C'est la valeur des raisons, c'est la valeur du candidat qu'il faut compter, et non pas le nombre des affiches.

Sans aucun doute, avec une telle organisation la démocratie obtiendrait l'expression sincère et loyale de sa propre pensée ; les dépenses aujourd'hui scandaleuses qu'entraîne une élection seraient réduites à très-peu de chose, et l'on parviendrait à écarter ces honteux procédés employés trop souvent pour faire triompher les candidatures au scrutin d'arrondissement.

Si le candidat était attaqué par ses concurrents ou leurs agents, les comités prendraient victorieusement sa défense, il suffirait pour cela d'être assuré d'un journal que les comités répandraient au besoin ; il suffirait même d'une affiche apposée par les comités des communes en réponse aux attaques et aux diffamations.

Cette organisation serait l'expression du

grand nombre, c'est-à-dire vraiment démocratique, et, par les délégations, elle donnerait aux hommes de mérite, cachés dans les rangs de la démocratie, l'occasion de se produire en servant la cause républicaine.

Nos lecteurs pourront trouver tout ceci bien simple et fort analogue à ce qu'ils ont déjà vu.

Cependant, presque partout, c'est au chef-lieu d'arrondissement qu'un certain nombre de notables se réunissent d'abord en comité. Ensuite ils provoquent *quelquefois* la formation de comités qui reçoivent leur direction dans les cantons, et la chose d'ordinaire ne va pas plus loin.

Dans le système ici présenté, c'est à la commune que se forme d'abord le premier élément de l'organisation. Ensuite les plus intelligents, les plus actifs sont délégués par la commune et se rejoignent au canton pour former le second degré d'organisation.

Enfin, les délégués des cantons se rejoignent au chef-lieu pour former le comité central.

Dans le système suivi presque partout, l'autorité descend, elle s'impose du petit nombre sur le grand nombre. Le petit nombre commande le grand nombre ; c'est le procédé aristocratique et monarchique, pas autre chose.

Dans le système que nous expliquons, l'autorité naît du grand nombre, dans les communes ; elle s'élève au canton, elle se concentre au comité central. Ce n'est plus l'autorité aristocratique, c'est bien l'autorité démocratique issue de la délégation populaire.

Presque partout, un comité se forme en vue des personnes ; pourvu que les membres du comité soient républicains, on croit tout sauvé, et c'est une grande erreur. Car sous cette dénomination on range également les démocrates sincères et beaucoup d'hommes très-hostiles à la démocratie.

Dans le système que nous proposons, les membres des comités ne sont pas réunis simplement parce qu'ils sont républicains, — cela ne suffit pas, — ils sont réunis parce qu'étant républicains, ils sont d'accord sur une idée fondamentale et démocratique.

Qu'on essaye seulement un peu de ce système *si simple ;* on en verra les conséquences.

VI

Nous résumerons ici nos réflexions sur la politique du peuple.

Selon nous, si la démocratie, à l'heure présente, se bornait à donner son adhésion aux nombreuses clauses d'un programme quelconque, elle ne ferait pas un usage efficace du suffrage universel.

Non, pour assurer le développement de ses destinées, il ne suffit pas qu'elle approuve un programme dont le premier article pourra être la réforme de la magistrature, lorsqu'on est certain d'avance que le Sénat repoussera cette réforme.

Le second article du programme pourra être la séparation de l'Eglise et de l'Etat, mais le Sénat s'y opposera également.

Le scrutin de liste serait aussi l'un des articles du programme, mais ce n'est pas sur cette question que doivent porter principalement les élections générales, car beaucoup de députés bons républicains sont adversaires de ce mode de scrutin et il serait injuste de les exclure par cette seule raison. Ce serait d'autant plus impolitique qu'au moyen d'un zèle affecté pour le scrutin de liste, on verrait des hommes douteux, de prétendus républicains appuyés par les réactionnaires usurper la place des vrais républicains.

Selon nous, la démocratie doit avoir en vue surtout la question fondamentale du Sénat, puisque nul programme démocratique ne peut aboutir à rien tant que cette question n'est pas résolue.

La loi électorale du Sénat, faisant partie de la Constitution, ne peut-être changée que par une révision de la Constitution en *congrès,* c'est-à-dire dans une assemblée formée par la réunion du Sénat et de la Chambre des députés. Mais le congrès ne pouvant être réuni qu'avec le consentement du Sénat, la difficulté consiste à obtenir l'adhésion du Sénat lui-même.

Il n'y a que trois issues possibles :

L'une, est la réunion du congrès, avec le consentement du Sénat, pour modifier les articles qui le concernent.

La seconde, est la réunion du Congrès par suite de la mort ou de la démission du président actuel de la République. Le Congrès se réunit alors nécessairement puisqu'il a seul qualité pour élire un nouveau président.

Or, à l'occasion de cette réunion, la modification de la Constitution peut être proposée et opérée sans qu'il soit besoin du consentement du Sénat ; la majorité des voix dans le Congrès est souveraine, et la minorité républicaine du Sénat unie à la majorité de la Chambre peut suffire.

Enfin la troisième solution qu'il faut redouter par dessus tout, c'est une révolution causée par la résistance du Sénat aux réformes nécessaires.

Faire porter l'effort principal des élections prochaines sur la révision de la loi électorale du Sénat, c'est donc procéder légalement pour parvenir au résultat désiré sans sortir de la légalité et de la constitution elle-même.

En effet, si l'on forme partout, ainsi que nous le conseillons, des comités révisionnistes jusque dans les moindres communes, on influera d'une manière décisive sur les élections sénatoriales de 1882, afin d'élire des sénateurs partisans de cette révision nécessaire, et qui prendront des engagements sur la réforme de la magistrature, etc.

Par cette organisation des comités dans les communes, on fera réfléchir le Sénat, on lui fera entrevoir sa fin possible dans un temps court; et ces réflexions salutaires le porteront sans doute à ne plus repousser les mesures nécessaires au développement de la République.

Au point de vue des hommes modérés qui craignent surtout les troubles, la révision ainsi limitée est nécessaire puisque sans elle notre pays est exposé à des difficultés nouvelles dans un avenir prochain.

Pour ceux qui veulent des réformes plus complètes, par exemple la séparation de l'Eglise et de l'Etat, la révision est encore plus nécessaire.

Nous sommes donc persuadé que l'immense majorité des républicains se prononcera pour la révision.

D'ailleurs, la révision de la constitution sur un point déterminé n'a rien d'effrayant ; ce n'est pas chose nouvelle, l'expérience en a été faite, récemment.

La constitution votée en 1875 ordonnait que le gouvernement et les Chambres siégeraient à Versailles.

On a demandé l'abolition de cet article.

Les deux Chambres se sont mises d'accord ; on a assemblé le congrès ; l'article a été aboli en une séance ; le gouvernement et les Chambres sont revenus à Paris, pour le plus grand bien des affaires publiques, et sans qu'il en résultât seulement une émotion.

Peut-être la majorité actuelle du Sénat céderait-elle, par patriotisme et par prudence, à une manifestation imposante de l'opinion publique, en France, dans les élections prochaines ; nous l'espérons, et c'est pourquoi nous y travaillons.

En résumé, il est possible que les députés élus prochainement soient appelés à un rôle constituant. Il importe donc, plus qu'à aucune époque, de choisir des hommes dont le sentiment démocratique soit bien connu et bien éprouvé.

Nous verrons sans doute exister à la fois des comités électoraux d'origines diverses, pour ou contre la révision.

La riche bourgeoisie agira comme toujours au nom des intérêts qu'elle représente et qu'elle compromet si souvent.

Les groupes politiques, armés de leur organisation, de leurs journaux, de leurs orateurs, déploieront toutes leurs forces pour conquérir le plus de sièges possible au Parlement.

Cette diversité d'efforts, loin d'être regrettable, est un signe heureux de la vitalité d'une nation et de l'importance qu'elle attache aux questions qui touchent à sa liberté et à son gouvernement.

Mais, entre les ambitions rivales, l'arbitre nécessaire c'est la démocratie elle-même qui, n'étant pas composée de gens riches, se préoccupe davantage du sort des pauvres, et qui, n'ayant aucune prétention aux portefeuilles ministériels, se préoccupe surtout des grandes questions fondamentales.

Les comités populaires, bien organisés, jetteront tour à tour dans la balance le poids décisif qui fera pencher le pouvoir de tel ou tel côté ; et c'est ainsi que se formera dans notre pays une politique du peuple.

Si la démocratie française se bornait à chercher ailleurs que dans sa conscience une direction quelconque pour les élections prochaines, elle ferait voir qu'elle n'a aucune idée claire de sa responsabilité ni de son devoir envers elle-même et envers l'avenir.

Par là, elle se montrerait comme un enfant qui ne sait pas penser et vouloir par lui-même ; c'est-à-dire qu'elle se montrerait incapable d'exercer le pouvoir remis en ses mains par tant de révolutions ; *incapable* comme l'ont été depuis un siècle tous les gouvernements qui se sont succédé dans notre pays.

PAUL DE JOUVENCEL,
ancien député.

Juin 1881.

Cette brochure a été publiée d'abord, du 12 au 28 juin, dans plusieurs journaux de l'*Oise, Seine-et Oise* et *Seine-et-Marne.*

Meaux. — Imp. DESTOUCHES, rue de la Juiverie, 1.

Meaux. — Imp. DESTOUCHES.